TURISMO RECEPTIVO

ESPANHOL PARA HOTELARIA

ADMINISTRAÇÃO REGIONAL DO SENAC NO ESTADO DE SÃO PAULO
Presidente do Conselho Regional: Abram Szajman
Diretor do Departamento Regional: Luiz Francisco de A. Salgado
Superintendente Universitário e de Desenvolvimento: Luiz Carlos Dourado

EDITORA SENAC SÃO PAULO
Conselho Editorial: Luiz Francisco de A. Salgado
Luiz Carlos Dourado
Darcio Sayad Maia
Lucila Mara Sbrana Sciotti
Luís Américo Tousi Botelho

Gerente/Publisher: Luís Américo Tousi Botelho
Coordenação Editorial: Verônica Pirani de Oliveira
Prospecção: Dolores Crisci Manzano
Administrativo: Marina P. Alves
Comercial: Aldair Novais Pereira

Edição de Texto: Rafael Barcellos Machado
Coordenação de Revisão de Texto: Marcelo Nardeli
Revisão de Texto: Andréa Bruno
Coordenação de Arte: Antonio Carlos De Angelis
Projeto Gráfico, Capa e Editoração Eletrônica: Veridiana Freitas
Coordenação de E-books: Rodolfo Santana
Impressão e Acabamento: Lis Gráfica

Proibida a reprodução sem autorização expressa.
Todos os direitos reservados à
Editora Senac São Paulo
Av. Engenheiro Eusébio Stevaux, 823 – Prédio Editora
Jurubatuba – CEP 04696-000 – São Paulo – SP
Tel. (11) 2187-4450
editora@sp.senac.br
https://www.editorasenacsp.com.br

© Editora Senac São Paulo, 2024

Dados Internacionais de Catalogação na Publicação (CIP)
(Simone M. P. Vieira – CRB 8ª/4771)

Rubio, Braulio Alexandre B.
  Espanhol para hotelaria / Braulio Alexandre B. Rubio. – São Paulo : Editora Senac São Paulo, 2024.

  Bibliografia
  ISBN 978-85-396-4776-7 (Impresso/2024)
  e-ISBN 978-85-396-4774-3 (ePub/2024)
  e-ISBN 978-85-396-4772-9 (PDF/2024)

  1. Língua espanhola (Estudo e ensino) 2. Profissional de hotelaria I. Título.

24-2072g
CDD – 468.3
338.4791
BISAC LAN023000
BUS081000

Índices para catálogo sistemático:
1. Língua espanhola (Estudo e ensino) : Profissional de hotelaria 468.3
2. Hotelaria : Turismo : Economia 338.4791

TURISMO RECEPTIVO

ESPANHOL PARA HOTELARIA

BRAULIO ALEXANDRE B. RUBIO

VERSÃO PARA O ESPANHOL: GABRIEL JIMENEZ AGUILAR

EDITORA SENAC SÃO PAULO - SÃO PAULO - 2024

NOTA DO EDITOR

O Senac São Paulo desenvolveu a Série Turismo Receptivo para contribuir com a formação profissional de quem lida diretamente com turistas estrangeiros e, portanto, precisa conhecer os elementos básicos de uma conversação nas principais línguas faladas internacionalmente.

Cada fascículo desta série trabalha oito situações de atendimento ao turista, ajudando os estudantes a compreender solicitações e a saber como respondê-las adequadamente. Além disso, todos incluem um apêndice que expande e complementa o conteúdo, aproximando o aprendizado daquilo que se requer no dia a dia dos profissionais de turismo.

A folha de respostas pode ser baixada gratuitamente em www.editorasenacsp.com.br/idiomas/espanhol_hotelaria.pdf, e a metodologia e estratégias para uso do fascículo podem ser baixadas gratuitamente em www.editorasenacsp.com.br/idiomas/turismo_receptivo_metodologia.pdf. Os diálogos que abrem cada unidade ("Diálogo") podem ser escutados no site http://editorasenacsp.com.br/livros/turismo-receptivo/index.html.

SOBRE ESTE FASCÍCULO

Espanhol para hotelaria oferece instrumentos linguísticos, no idioma referido, aos profissionais da área de hotelaria, recepcionistas, concierges, camareiras(os) e mensageiros, propondo atividades relacionadas a situações práticas que privilegiam a comunicação.

Sugere-se uma carga horária entre 12 e 20 horas para trabalhar as oito unidades deste fascículo.

ÍNDICE

SU HABITACIÓN ES LA 131
UNIDAD 1

● 9

¿DÓNDE ESTÁ EL CONTROL REMOTO DE LA TV?
UNIDAD 2

● 15

NECESITO QUE LAVEN UNAS CAMISAS
UNIDAD 3

● 21

¿A QUÉ HORA SIRVEN EL DESAYUNO?
UNIDAD 4

● 27

PERDÓN, ¿DÓNDE ESTÁ LA PISCINA?
UNIDAD 5
33

CREO QUE EL AIRE ACONDICIONADO NO FUNCIONA
UNIDAD 6
39

¿TIENEN MAQUINILLA DE AFEITAR?
UNIDAD 7
45

¿CONSUMIERON ALGO DEL FRIGOBAR?
UNIDAD 8
51

APÊNDICE
57

SU HABITACIÓN ES LA 131

UNIDAD 1

CONTEXTO
- ¿Qué es lo que hace el turista al llegar al hotel?
- ¿Cuáles son los datos personales que necesita escribir en una ficha?
- ¿Qué pedidos el turista generalmente le hace al recepcionista del hotel?

SU HABITACIÓN ES LA 131

DIÁLOGO

 EN LA RECEPCIÓN DEL HOTEL

Recepcionista: ¡Buenos días! Bienvenido al Hotel do Lago, señor.

Turista: ¡Gracias! Hice una reserva.

Recepcionista: ¿Cómo se llama usted?

Turista: Mi nombre es Pablo Herrera.

Recepcionista: ¿Podría usted deletrear su apellido, por favor?

Turista: Por supuesto, es H-E-R-R-E-R-A.

Recepcionista: ¡Muy bien! Aquí está, señor Herrera. Es una reserva para cuatro noches, ¿sí?

Turista: Sí, claro.

Recepcionista: Bueno, aquí está la llave. La habitación es la 131. El botones le ayudará a llevar sus maletas hasta la habitación.

Turista: ¡Gracias!

Recepcionista: De nada. ¡Qué disfrute su estadía con nosotros, señor!

PRÁCTICA GUIADA

Practica el diálogo con un colega. Usa el vocabulario extra.

EN LA RECEPCIÓN DEL HOTEL

Recepcionista: ¡Buenos días! Bienvenido _____, señor.

Turista: ¡Gracias! Hice una reserva.

Recepcionista: ¿Cómo se llama usted?

Turista: Mi nombre es _____.

Recepcionista: ¿Podría usted _____, _____?

Turista: Por supuesto, es _____.

Recepcionista: ¡Muy bien! Aquí está, _____. Es _____ para _____ _____, ¿sí?

Turista: Sí, claro.

Recepcionista: Bueno, aquí _____. La habitación _____.
  El botones _____ hasta la habitación.

Turista: ¡Gracias!

Recepcionista: De nada. ¡_____, señor!

HABITACIÓN 213
(DOSCIENTOS TRECE)

HABITACIÓN 654
(SEISCIENTOS CINCUENTA Y CUATRO)

HABITACIÓN 708
(SETECIENTOS OCHO)

HABITACIÓN 1012
(MIL DOCE)

ACTIVIDADES

A. Relaciona las preguntas con las respuestas. Después, verifícalo con un colega.

1. ¿Cómo se llama usted? ( ) Sí, confirmo.

2. ¿Podría deletrear su apellido, por favor? ( ) Claro, es R-O-J-A-S.

3. Reservó, usted, para dos noches, ¿confirma? ( ) ¡Muchas gracias!

4. Aquí está la llave. Su habitación es la 21. ( ) Jorge Rojas.

B. Completa los espacios en blanco. Después, practica el diálogo con un colega.

Recepcionista: ¡Buenos días! _____ al Hotel do Lago, señora.

Turista: ¡Gracias! Hice una reserva.

Recepcionista: ¿Cómo se _____?

Turista: _____ es Elena Gómez.

Recepcionista: ¿_____, por favor?

Turista: Claro, es G-Ó-M-E-Z.

Recepcionista: ¡Muy bien! _____, señora Gómez. _____ para siete noches, ¿confirma?

Turista: Sí, _____.

Recepcionista: Muy bien, aquí _____. La habitación _____. El botones _____ _____ hasta la habitación.

Turista: ¡Muchas gracias!

Recepcionista: De nada. ¡_____, señora!

PRÁCTICA

Un turista llega a la recepción del hotel para hacer el check in. Pratica el diálogo.

Alumno(a) A: Tú eres el recepcionista del hotel que hace el check in del turista y le entrega las llaves de la habitación. Que no se te olvide preguntarle si la habitación es para fumadores o no fumadores.

Alumno(a) B: Tú eres el turista e hiciste una reserva para algunos días.

Intercambien los papeles: sé una vez el turista y otra el recepcionista del hotel.

¿DÓNDE ESTÁ EL CONTROL REMOTO DE LA TV?

UNIDAD 2

CONTEXTO

- ¿Qué equipos hay en una habitación de hotel?
- ¿Sueles decirles a los huéspedes dónde están los principales ítems de la habitación?
- ¿Cómo podemos ayudar a los huéspedes?

¿DÓNDE ESTÁ EL CONTROL REMOTO DE LA TV?

DIÁLOGO

🔊 LLEVANDO AL HUÉSPED A LA HABITACIÓN

El botones: ¡Buenos días! Permítame ayudarlo con las maletas.

Huésped: Gracias.

El botones: ¿De dónde es usted?

Huésped: Soy de Valencia, España.

El botones: ¡Qué guay! Esta es su habitación, la 131.

(Después, en la habitación.)

Huésped: ¿Dónde está el control remoto de la TV?

El botones: Está encima de la cómoda, señor.

Huésped: ¡Ah... ya lo veo!

El botones: Si necesita algo, marque el 08 y llámeme.

Huésped: ¡Muchas gracias!

El botones: De nada. ¡Qué disfrute su estancia aquí!

PRÁCTICA GUIADA

Practica el diálogo con un colega. Usa el vocabulario extra.

LLEVANDO AL HUÉSPED A LA HABITACIÓN

El botones: ¡Buenos _____! Permítame ayudarlo con las maletas.

Huésped: _____.

El botones: ¿_____?

Huésped: Soy de _____, _____.

El botones: ¡Qué guay! _____ es su habitación, _____.

  (Después, en la habitación.)

Huésped: ¿_____ está _____?

El botones: Está _____, señor.

Huésped: ¡Ah... ya lo veo!

El botones: Si necesita algo, marque _____.

Huésped: ¡Muchas gracias!

El botones: _____. ¡_____!

CONTROL REMOTO DEL AIRE ACONDICIONADO

ALMOHADA

ENCHUFE

DENTRO

ENCIMA

TURISMO RECEPTIVO

ACTIVIDADES

A. Completa los espacios en blanco. Después, practica el diálogo con un colega.

El botones: ¡Buenos _____!
Permítame _____
_____.

Huésped: ¡Gracias!

El botones: ¿_____?

Huésped: Soy _____, _____.

El botones: ¡Qué guay! Esta _____
_____, _____.

(Después, en la habitación.)

Huésped: ¿_____ está _____
_____?

El botones: Está _____
_____, señor.

Huésped: ¡Ah... ya lo veo!

El botones: Si _____.

Huésped: ¡Muchas gracias!

El botones: _____. ¡Qué disfrute
_____!

B. Elige la mejor alternativa.

A: ¿Dónde está la otra almohada?
B: ( ) De nada.
   ( ) Dentro del armario.
   ( ) Sí, por favor.

A: ¿De dónde es usted?
B: ( ) No, nada más.
   ( ) Está aquí.
   ( ) Soy de Francia.

A: ¡Muchas gracias!
B: ( ) De nada.
   ( ) Nada.
   ( ) Muchas gracias.

PRÁCTICA

Tú llevas a un turista hasta la habitación. Ayúdalo con las maletas y enséñale algunos ítems de la habitación. Practica el diálogo.

Alumno(a) A: Tú eres el huésped que busca algunos ítems en la habitación.

Alumno(a) B: Tú eres el botones que lo ayuda.

Intercambien los papeles: sé una vez el huésped y otra el botones.

NECESITO QUE LAVEN UNAS CAMISAS

UNIDAD 3

CONTEXTO
- ¿Qué servicios el hotel le ofrece al huésped?
- ¿Cuáles son los más usados?
- ¿Esos servicios son generalmente pedidos personalmente o por teléfono?

NECESITO QUE LAVEN UNAS CAMISAS

DIÁLOGO

 ATENDIENDO A UN HUÉSPED POR TELÉFONO

Servicio de habitaciones: ¡Buenos días! Servicio de habitaciones, ¿dígame?

Huésped: Sí, necesito que laven unas camisas.

Servicio de habitaciones: ¡Sí, claro! ¿Cuál es su nombre y número de habitación, por favor?

Huésped: Mi nombre es Pablo Herrera. Estoy hospedado en la habitación 131.

Servicio de habitaciones: Sr. Herrera, habitación 131, ¿sí?

Huésped: ¡Sí!

Servicio de habitaciones: Le pediré a la camarera que recoja sus camisas en este momento.

Huésped: Sí, sólo que las necesito hoy mismo, por la noche.

Servicio de habitaciones: Claro que sí. Se las entregaremos hoy por la noche.

Huésped: ¡Muchas gracias!

Servicio de habitaciones: De nada.

PRÁCTICA GUIADA

Practica el diálogo con un colega. Usa el vocabulario extra.

ATENDIENDO A UN HUÉSPED POR TELÉFONO

Servicio de habitaciones: ¡Buenos _____! Servicio de habitaciones, ¿_____?

Huésped: Sí, necesito _____.

Servicio de habitaciones: ¡Sí, claro! ¿Cuál es su nombre y número de habitación, por favor?

Huésped: Mi nombre es _____. Estoy hospedado en la habitación _____.

Servicio de habitaciones: _____, habitación _____, ¿sí?

Huésped: ¡Sí!

Servicio de habitaciones: Le pediré a _____ que recoja sus camisas en este momento.

Huésped: Sí, _____ hoy mismo, _____.

Servicio de habitaciones: Claro que sí. Se _____ hoy _____.

Huésped: ¡Muchas gracias!

Servicio de habitaciones: _____.

- COSER
- PLANCHAR
- LAVAR
- FALDA
- CAMISETA
- PANTALONES

ACTIVIDADES

A. Descifra las preguntas de acuerdo con las respuestas. Después, practícalas con un colega.

A: ¿_____? (qué / puedo / En / ayudarle)

B: Necesito que planchen mi falda.

A: ¿_____? (Cuál / nombre / número / su / y / habitación / es / de)

B: Mi nombre es Yolanda Martínez. Estoy en la habitación 1012.

A: _____. (noche / Sí, / necesito / hoy / la / pero / por / la)

B: Sí, claro. Se la entregaremos hoy por la noche.

B. Relaciona las siguientes frases con el diálogo. Después, practícalas con un colega.

( ) De nada.

( ) Sí, claro. ¿Cuál es su nombre y número de habitación?

( ) ¡De acuerdo! Le pediré a la camarera que recoja sus camisas.

( ) Claro, se las entregaremos mañana temprano.

( ) ¡Buenos días! Servicio de habitaciones, ¿dígame?

Servicio de habitación: (1) _____ _____

Huésped: Hola, necesito que planchen unas camisas.

Servicio de habitación: (2) _____ _____

Huésped: A mi nombre, Carlos Bonilla. Estoy en la habitación 332.

Servicio de habitación: (3) _____ _____

Huésped: Sí, sólo que las necesito mañana por la mañana.

Servicio de habitación: (4) _____ _____

Huésped: ¡Muchas gracias!

Servicio de habitación: (5) _____

PRÁCTICA

Un huésped te pide algo a ti que eres el responsable por el servicio de habitaciones. Piensa en algunos servicios ofrecidos por el hotel. Practica el diálogo.

Alumno(a) A: Tú eres el huésped que quiere un servicio.

Alumno(a) B: Tú eres el responsable que atiende el pedido.

Intercambien los papeles: sé una vez el huésped y otra vez el responsable por el servicio de habitaciones.

¿A QUÉ HORA SIRVEN EL DESAYUNO?

UNIDAD 4

CONTEXTO
- ¿Cuáles son las dependencias en un hotel?
- ¿Qué pedidos un huésped le puede hacer a la recepción?
- ¿A qué hora generalmente se sirve el desayuno en un hotel?

¿A QUÉ HORA SIRVEN EL DESAYUNO?

DIÁLOGO

 ATENDIENDO UNA PETICIÓN EN LA RECEPCIÓN DEL HOTEL

Recepcionista: ¡Buenos días! ¿En qué puedo ayudarle?

Huésped: Por favor, ¿podría pedirme un taxi?

Recepcionista: Claro.

Huésped: ¿A qué hora sirven el desayuno?

Recepcionista: De seis a diez y media en el restaurante, en el décimo piso.

Huésped: ¿Puede despertarme mañana a las seis y media?

Recepcionista: Ya lo anoté. Llegó el taxi, señor.

Huésped: ¡Gracias!

Recepcionista: De nada.

PRÁCTICA GUIADA

Practica el diálogo con un colega. Usa el vocabulario extra.

ATENDIENDO UNA PETICIÓN EN LA RECEPCIÓN DEL HOTEL

Recepcionista: ¡Buenos _____! ¿En qué _____?

Huésped: Por favor, ¿_____ un taxi?

Recepcionista: Claro.

Huésped: ¿A qué hora _____?

Recepcionista: De _____ a _____ en _____, _____ piso.

Huésped: ¿Puede despertarme mañana a _____?

Recepcionista: Ya lo anoté. _____, señor.

Huésped: ¡Gracias!

Recepcionista: _____.

ALMUERZO

CENA

RESTAURANTE

GIMNASIO

SALÓN DE BELLEZA

BAR

ACTIVIDADES

A. Descifra las preguntas.

¿_____? (qué / puedo / En / ayudarle)

¿_____? (pedirme / taxi / por favor / un / usted / Podría)

¿_____? (del / gimnasio / Cuál / es / horario / el)

B. Completa el diálogo. Después, practícalo con un colega.

Recepcionista: ¡Buenos días! ¿_____?

Huésped: ¿Me puede guardar mi maleta, por favor?

Recepcionista: _____.

Huésped: ¿Cuál es el horario de _____?

Recepcionista: De _____ a _____ en el _____.

Huésped: ¿Me puede despertar mañana a las _____?

Recepcionista: Ya lo anoté.

Huésped: _____.

Recepcionista: _____.

PRÁCTICA

Un huésped le pide informaciones a la recepción. Piensa sobre lo que él podría preguntar. Practica el diálogo.

Alumno(a) A: Tú eres el huésped que pide informaciones.

Alumno(a) B: Tú eres el recepcionista del hotel que le atiende al turista.

Intercambien los papeles: sé una vez el huésped y otra vez el recepcionista.

PERDÓN, ¿DÓNDE ESTÁ LA PISCINA?

UNIDAD 5

CONTEXTO

- ♣ ¿Cuáles son los ambientes más requeridos por los huéspedes?
- ♣ ¿En qué piso generalmente esos ambientes se encuentran?
- ♣ ¿Cuál es el horario de esos ambientes?

PERDÓN, ¿DÓNDE ESTÁ LA PISCINA?

DIÁLOGO

 EN LOS PASILLOS DEL HOTEL

Huésped: Perdón, ¿dónde está la piscina?

Camarero: En el piso superior, señor, al lado del gimnasio.

Huésped: ¡Muchas gracias! También me gustaría saber si hay una peluquería en el hotel.

Camarero: ¿La peluquería? Está en la planta baja, enfrente del centro de convenciones.

Huésped: ¡Muchas gracias!

Camarero: De nada.

PRÁCTICA GUIADA

Practica el diálogo con un colega. Usa el vocabulario extra.

EN LOS PASILLOS DEL HOTEL

Huésped: _____, ¿_____ está _____?

Camarera(o): _____, señor, _____.

Huésped: ¡Muchas gracias! También _____.

Camarera(o): ¿_____? Está _____.

Huésped: ¡Muchas gracias!

Camarera(o): _____.

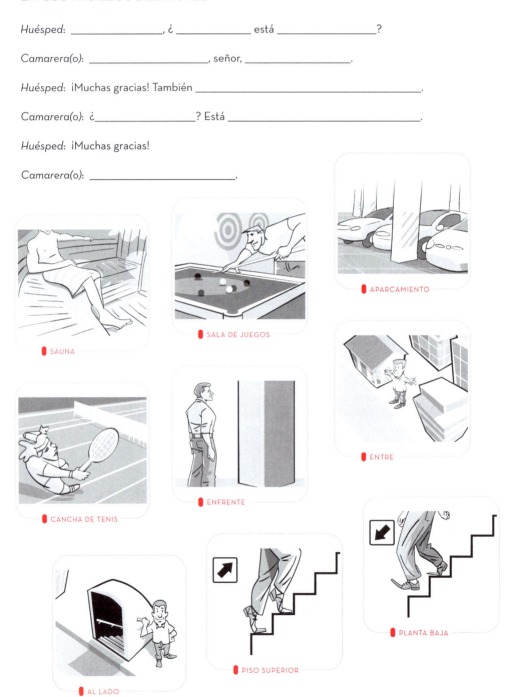

ACTIVIDADES

A. Completa las frases con la palabra correcta entre paréntesis. Después, verifícala con un colega.

Perdón, ¿_____ (dónde / cuál) está el centro de convenciones?

En el primer piso, al _____ (lado / bajo) de la piscina.

El restaurante está en la _____ (planta baja / enfrente), _____ (entre / al lado) la recepción y el Business Center.

B. Completa los espacios en blanco. Después, practica el diálogo con un colega.

Huésped: _____, ¿_____ la sauna?

Camarera(o): _____, señora, _____ del gimnasio.

Huésped: _____. También _____.

Camarera(o): ¿_____? Está _____, enfrente _____.

Huésped: ¡Muchas gracias!

Camarera(o): _____.

PRÁCTICA

Un huésped busca algunas dependencias del hotel. Tú se las indicas. Piensa en algunos ambientes de un hotel. Practica el diálogo.

Alumno(a) A: Tú eres el huésped que quiere saber dónde están los ambientes en el hotel.

Alumno(a) B: Tú eres el camarero que dice dónde están los ambientes.

Intercambien los papeles: sé una vez el huésped y otra vez el camarero.

CREO QUE EL AIRE ACONDICIONADO NO FUNCIONA

UNIDAD 6

CONTEXTO

- ¿Qué aparatos encontramos en una habitación de un hotel?
- ¿Hay algún aparato que necesite contraseña?
- ¿Los huéspedes piden ayuda para usar aparatos electrónicos en las habitaciones?

CREO QUE EL AIRE ACONDICIONADO NO FUNCIONA

DIÁLOGO

 LOS APARATOS EN LA HABITACIÓN

Huésped: Hola, ¡muchas gracias por venir!

Camarera: ¿En qué puedo servirle?

Huésped: Creo que el aire acondicionado no funciona.

Camarera: ¿Dónde está el control remoto?

Huésped: Está arriba de la cómoda.

Camarera: ¡Sí! Ahora, presione el botón rojo y cierre las ventanas.

Huésped: ¡Ah, claro!

Camarera: ¿Algo más, señor?

Huésped: No, nada más.

Camarera: ¡Qué disfrute su estadía en el hotel!

Huésped: ¡Muchas gracias!

PRÁCTICA GUIADA

Practica el diálogo con un colega. Usa el vocabulario extra.

LOS APARATOS EN LA HABITACIÓN

Huésped: Hola, ¡muchas gracias por venir!

Camarera(o): ¿_____?

Huésped: _____ no _____.

Camarera(o): ¿Dónde _____?

Huésped: _____.

Camarera(o): ¡Sí! Ahora, _____.

Huésped: ¡Ah, claro!

Camarera(o): ¿Algo más, señor?

Huésped: No, nada más.

Camarera(o): ¡_____!

Huésped: ¡Muchas gracias!

ENCENDER/APAGAR

CON LLAVE/ABIERTO

CERRAR/ABRIR

EMPUJAR/TIRAR

PRESIONAR

ESCOGER

TURISMO RECEPTIVO

ACTIVIDADES

A. Lee las siguientes expresiones. Marca **C** para las expresiones usadas por el camarero y **H** para las usadas por el huésped.

( ) Hola, ¡muchas gracias por venir!   ( ) El control está aquí.

( ) Presione ese botón.   ( ) ¡Ah, claro!

( ) ¿Dónde está el control remoto?   ( ) ¿Algo más, señor?

( ) ¿En qué puedo servirle?   ( ) No, nada más.

( ) Creo que la TV no está funcionando.   ( ) ¡Muchas gracias!

( ) ¿Dónde está el control de la TV?   ( ) ¡Qué disfrute su estadía en el hotel!

B. Completa el diálogo con la palabra correcta entre paréntesis. Después, practícalo con un colega.

Huésped: Hola, ¡muchas gracias por _____ (venir / ir)!

Camarera(o): ¿En _____ (qué / cómo) puedo servirle?

Huésped: Creo que el aire acondicionado no está _____ (viviendo / funcionando).

Camarera(o): ¿_____ (Dónde / Cómo) está el control remoto?

Huésped: Está arriba de la cómoda.

Camarera(o): Sí, ahora _____ (presione / apague) el botón verde y cierre las ventanas.

Huésped: ¡Ah, claro!

Camarera(o): ¿Algo más, señor?

Huésped: No, nada más.

Camarera(o): ¡Qué disfrute su estadía en el hotel!

Huésped: ¡Muchas _____ (gracias / buenas)!

PRÁCTICA

Un huésped te pide que lo ayudes pues no sabe usar un equipo de la habitación. Practica el diálogo.

Alumno(a) A: Tú eres el huésped que pide ayuda.

Alumno(a) B: Tú eres la(el) camarera(o) que le ayuda al huésped.

Intercambien los papeles: sé una vez el huésped y otra vez la(el) camarera(o).

¿TIENEN MAQUINILLA DE AFEITAR?

UNIDAD 7

CONTEXTO

- ¿Qué ítems extras en general son pedidos al servicio de habitaciones?
- ¿Qué necesitas saber para atender el pedido?
- ¿Hasta qué hora generalmente está disponible el servicio de habitaciones?

¿TIENEN MAQUINILLA DE AFEITAR?

DIÁLOGO

🔊 SERVICIO DE HABITACIONES

Servicio de habitaciones: Buenas noches, servicio de habitaciones. ¿Dígame?

Huésped: Por favor, necesito una maquinilla de afeitar.

Servicio de habitaciones: Sí, ¿cuál es el número de habitación?

Huésped: Es la 706.

Servicio de habitaciones: Muy bien. Le pediré a la camarera que se la entregue en la 706.

Huésped: ¡Muchas gracias!

Servicio de habitaciones: De nada.

PRÁCTICA GUIADA

Practica el diálogo con un colega. Usa el vocabulario extra.

SERVICIO DE HABITACIONES

Servicio de habitaciones: Buenas noches, _____. ¿_____?

Huésped: Por favor, necesito_____.

Servicio de habitaciones: Sí, ¿cuál _____?

Huésped: _____ 706.

Servicio de habitaciones: Muy bien. Le pediré _____ que _____.

Huésped: ¡Muchas gracias!

Servicio de habitaciones: _____.

ALGODÓN

CREMA PARA LA PIEL

PASTA DE DIENTES

GORRO DE BAÑO

ACTIVIDADES

A. Lee las siguientes expresiones. Marca **S** para las expresiones usadas por el servicio de habitaciones y **H** para las usadas por el huésped.

( ) Servicio de habitaciones, ¿en qué puedo ayudarle?

( ) ¿Tienen pasta de dientes?

( ) ¿Cuál es el número de la habitación?

( ) Le pediré que se la entreguen en la habitación.

( ) Es la 809.

( ) ¡Muchas gracias!

B. Completa el diálogo con la palabra correcta entre paréntesis. Después, practícalo con un colega.

Servicio de habitaciones: Buenas noches, servicio de habitaciones. ¿_____ (Dígale / Dígame)?

Huésped: ¿_____ (Tiene / Hay) gorro de baño?

Servicio de habitaciones: Sí, ¿cuál es el número de la _____ (habitación / casa)?

Huésped: Es _____ (la / el) 1214.

Servicio de habitaciones: Muy bien. Le pediré a la camarera que se lo _____ (visite / entregue) en la 1214.

Huésped: ¡Muchas gracias!

Servicio de habitaciones: De nada.

PRÁCTICA

Un huésped te pide un ítem extra. Piensa en algunos ítems extras que el huésped te pueda pedir, como responsable del servicio de habitaciones. Practica el diálogo.

Alumno(a) A: Tú eres el huésped que le pide un ítem extra al responsable del servicio de habitaciones.

Alumno(a) B: Tú eres la(el) camarera(o) que atiende el pedido.

Intercambien los papeles: sé una vez el huésped y otra vez la(el) camarera(o).

¿CONSUMIERON ALGO DEL FRIGOBAR?

UNIDAD 8

CONTEXTO

- ¿Cuál es el horario límite para hacer el check out?
- ¿Cómo el huésped puede pagar?
- ¿Hay alguna tasa o servicio extra cobrado al hacer el check out?

¿CONSUMIERON ALGO DEL FRIGOBAR?

DIÁLOGO

 EL CHECK OUT EN LA RECEPCIÓN DEL HOTEL

Huésped: Perdón, ¿hasta qué hora puedo hacer el check out?

Recepcionista: Hasta las dos, señor.

Huésped: ¿Podemos dejar nuestras maletas en la recepción?

Recepcionista: ¡Claro que sí!

Huésped: Nuestro vuelo es a las nueve y cuarto de la noche. Queremos irnos al aeropuerto a las seis, pero antes nos gustaría conocer la Lagoa da Conceição.

Recepcionista: Qué buena idea, allá hay exquisitos restaurantes para almorzar.

Huésped: ¿Qué nos recomienda comer por allá?

Recepcionista: Pueden pedir un plato que se llama *sequência de camarão*, es una comida típica de nuestra ciudad.

Huésped: Perfecto. Vamos a conocer ese sitio.

Recepcionista: ¿Puedo hacer el check out?

Huésped: Sí, por favor.

Recepcionista: ¿Consumieron algo del frigobar?

Huésped: Sí, dos aguas minerales y un chocolate.

Recepcionista: Muy bien. Son quince *reais* del consumo.

Huésped: ¿Aceptan todas las tarjetas de crédito?

Recepcionista: Sí, las aceptamos.

Huésped: Aquí está.

PRÁCTICA GUIADA

Practica el diálogo con un colega. Usa el vocabulario extra.

EL CHECK OUT EN LA RECEPCIÓN DEL HOTEL

Huésped: Perdón, ¿_____ el check out?

Recepcionista: Hasta _____, _____.

Huésped: ¿Podemos _____ en la recepción?

Recepcionista: ¡Claro que sí!

Huésped: _____ vuelo es a _____. _____ irnos al aeropuerto _____, pero antes _____ conocer _____.

Recepcionista: Qué buena idea, allá _____.

Huésped: ¿Qué nos recomienda _____ allá?

Recepcionista: Pueden _____ que se llama _____.

Huésped: Perfecto. Vamos a conocer ese sitio.

Recepcionista: ¿Puedo _____ el check out?

Huésped: Sí, por favor.

CATEDRAL DE BRASÍLIA – BRASÍLIA

LAGOA DA PAMPULHA – BELO HORIZONTE

PRAIA DE PONTA NEGRA – NATAL

Recepcionista: ¿Consumieron algo del frigobar?

Huésped: Sí, _____ y _____.

Recepcionista: Muy bien. Son _____.

Huésped: ¿Aceptan todas las tarjetas de crédito?

Recepcionista: Sí, _____.

Huésped: _____.

CERVEZA

MERCADO MUNICIPAL - SÃO PAULO

AGUA DE COCO

GASEOSA

MANÍ

ACTIVIDADES

A. Escribe una pregunta de acuerdo con la respuesta. Después, practícalas con un colega.

Huésped: ¿_____?

Recepcionista: Hasta las 3:00, señor.

Huésped: ¿_____?

Recepcionista: No hay problema.

Huésped: ¿_____?

Recepcionista: Pueden pedir un *baião de dois*, plato típico de nuestra región.

Huésped: Perfecto.

Recepcionista: ¿_____?

Huésped: Sí, por favor.

Recepcionista: ¿_____?

Huésped: Sí, una lata de cerveza y unas patatas fritas.

Huésped: ¿_____?

Recepcionista: Sí, las aceptamos.

B. Completa el diálogo con las siguientes palabras. Después, practícalo con un colega.

mis | Mi | Perdón | hora | Hasta | me gustaría | Quiero | 5:30 | Puedo

Huésped: _____, ¿hasta qué _____ puedo hacer el check out?

Recepcionista: _____ las 2:00, señor.

Huésped: ¿_____ dejar _____ maletas en la recepción?

Recepcionista: Sí, claro.

Huésped: _____ vuelo es a las 8:45 de la noche. _____ ir al aeropuerto a las _____, pero antes _____ conocer la Ópera de Arame.

PRÁCTICA

Un huésped quiere hacer el check out en la recepción, pero antes le gustaría conocer un sitio turístico en la ciudad. Piensa en algunos sitios turísticos para sugerirle. Haz el check out y pregúntale sobre el consumo del frigobar. Practica el diálogo.

Alumno(a) A: Tú eres el huésped que quiere hacer el check out y necesita una sugerencia para visitar un sitio turístico de la ciudad.

Alumno(a) B: Tú eres el recepcionista que sugiere el sitio turístico.

Intercambien los papeles: sé una vez el huésped y otra vez el recepcionista.

APÊNDICE

A seguir apresentamos algumas sugestões de frases e palavras que podem ser utilizadas com turistas estrangeiros que visitam nosso país. São frases do dia a dia, empregadas em situações corriqueiras no ambiente de trabalho, em lojas, restaurantes, hotéis, entre outros.

ESPANHOL PARA BARES E RESTAURANTES, 61

VOCABULÁRIO, 62
TIPOS DE COZIMENTO, 62
COZIMENTO DE CARNES, 62
RECIPIENTES PARA BEBIDAS, 62
UTENSÍLIOS DE MESA, 62

ESPANHOL PARA HOTELARIA E GOVERNANÇA HOTELEIRA, 63

VOCABULÁRIO, 64
LOCAIS EM UM HOTEL, 64
QUARTOS COM..., 64

ESPANHOL PARA MOTORISTAS PROFISSIONAIS, 65

VOCABULÁRIO, 66

ESPANHOL PARA PROFISSIONAIS DE TURISMO, 67

VOCABULÁRIO, 68
LOCAIS EM UMA CIDADE, 68

ESPANHOL PARA PROFISSIONAIS DE SEGURANÇA, 69

VOCABULÁRIO, 70

ESPANHOL PARA PROFISSIONAIS DE SAÚDE, 71

VOCABULÁRIO, 72

ESPANHOL PARA ATENDIMENTO TELEFÔNICO, 73

VOCABULÁRIO, 74

ESPANHOL PARA LOJISTAS, 75

VOCABULÁRIO, 76
ROUPAS, SAPATOS E ACESSÓRIOS, 76

NÚMEROS CARDINAIS, 77

NÚMEROS ORDINAIS, 77

HORAS, 79

DIAS DA SEMANA, 79

MESES DO ANO, 81

CORES, 83

CLIMA E TEMPO, 83

ESTAÇÕES DO ANO, 85

ALFABETO, 85

PRONOMES PESSOAIS, 86

PRONOMES OBLÍQUOS, 86

PRONOMES ADJETIVOS, 87

PRONOMES POSSESSIVOS, 87

ADJETIVOS, 88

ARTIGOS INDEFINIDOS, 88

ARTIGOS DEFINIDOS, 89

VERBOS, 89

ESPANHOL PARA BARES E RESTAURANTES

Como posso ajudar? – ¿En qué puedo ayudarlo(a)?

Você aceita uma bebida? – ¿Quiere tomar algo?

Qual é seu nome? – ¿Cuál es su nombre?

Qual é seu sobrenome, por favor? – ¿Cuál es su apellido, por favor?

Desculpe-me, eu não entendi. – Lo siento, no entendí.

Qual bebida você prefere? – ¿Qué bebida prefiere?

Mesa para quantas pessoas? – ¿Mesa para cuántas personas?

Você já fez seu pedido? – ¿Ya hizo su pedido?

Para ambos? – ¿Para ambos?

Prefere sentar-se aqui ou ali? – ¿Prefiere sentarse aquí o allá?

Fique à vontade, já volto. – Siéntase como en casa, ya vuelvo.

Pode repetir, por favor? – ¿Puede repetir, por favor?

Em que mesa está sentado? – ¿En qué mesa está sentado?

Prefere a carne bem passada, ao ponto ou malpassada? – ¿Prefiere la carne bien cocida, al punto o poco hecha?

Eu recomendo... – Recomiendo...

Aceitamos todos os cartões de crédito. – Aceptamos todas las tarjetas de crédito.

Deseja açúcar ou adoçante? – ¿Quiere azúcar o edulcorante?

Nosso prato do dia é... – Nuestro plato del día es...

Aqui está seu prato. – Aquí está su plato.

Aqui está sua bebida. – Aquí está su bebida.

Por aqui, por favor. – Por aquí, por favor.

A reserva está em nome de quem? – ¿A nombre de quién está la reserva?

VOCABULÁRIO

abacate – aguacate
abacaxi – piña
água com gás – agua con gas
água mineral – agua mineral
alface – lechuga
alho – ajo
almoço – almuerzo
ameixa – ciruela
amêndoas – almendras
à milanesa – milanesa/empanado
aves – aves
azeite – aceite de oliva
batata assada – patata/papa al horno
batata frita – patatas/papas fritas
bebida – bebida
berinjela – berenjena
bife – bife/bistec
bolo – pastel
brócolis – brócoli
café expresso – café exprés
camarão – camarón/gamba
canela – canela
carne de porco – carne de cerdo
cebola – cebolla
ceia – cena
cenoura – zanahoria
chá – té
chá gelado – té helado
chocolate – chocolate
churrasco – parrillada/barbacoa
couve-flor – coliflor
creme de leite – crema de leche
damasco – albaricoque
ervilha – guisante
espinafre – espinacas
fatia – rebanada/rodaja
feijão – frijoles
frango – pollo
frango grelhado – pollo a la parrilla

frutos do mar – mariscos
gelado – helado
geleia – mermelada
gelo – hielo
iogurte – yogur
isqueiro – encendedor
jantar – cena
lanche – merienda
laranja – naranja
lasanha – lasaña
leite – leche
limonada – limonada
maçã – manzana
mamão – papaya
mandioca – mandioca/yuca
manteiga – mantequilla
melancia – sandía
melão – melón
milho – maíz
molho – salsa
morango – fresa
ovo – huevo
ovo cozido – huevo cocido/huevo duro
ovo frito – huevo frito
ovos mexidos – huevos revueltos
panqueca – tortita/crepe
pão – pan
pão de fôrma – pan de molde
patê – paté
peixe – pescado
peixe grelhado – pescado a la parrilla
pepino – pepino
pêssego – durazno
pimenta – pimienta
pimentão verde – pimiento verde
pimentão vermelho – pimiento rojo
prato principal – plato principal
presunto – jamón
purê – puré
queijo – queso

queijo ralado – queso rallado
refrigerante – refresco/gaseosa
risoto – risotto
sal – sal
salada – ensalada
salsicha/linguiça – salchicha/chorizo/longaniza
suco – jugo/zumo
tomate – tomate
uva – uva
vinagre – vinagre
vinho – vino
vinho branco – vino blanco
vinho tinto – vino tinto

TIPOS DE COZIMENTO

assado – asado
cozido – cocido
defumado – ahumado
fervido – hervido
frito – frito
grelhado – a la parrilla
torrado – tostado

COZIMENTO DE CARNES

ao ponto – al punto
bem passado – bien cocido
malpassado – poco hecho

RECIPIENTES PARA BEBIDAS

caneca – taza
copo – vaso
garrafa – botella
taça – copa
xícara – taza

UTENSÍLIOS DE MESA

bandeja – bandeja
colher – cuchara
colher de chá – cucharilla
colher de sobremesa – cuchara de postre
colher de sopa – cuchara sopera
faca – cuchillo
garfo – tenedor
guardanapo – servilleta
palito de dente – palillo de dientes
prato – plato
saleiro – salero
talheres – cubiertos
tigela – bol
toalha de mesa – mantel
travessa – fuente/plato

TÉ

ESPANHOL PARA HOTELARIA E GOVERNANÇA HOTELEIRA

Como posso ajudar? – ¿En qué puedo ayudarlo(a)?

A reserva está em nome de quem? – ¿A nombre de quién está la reserva?

Assine aqui, por favor. – Firme aquí, por favor.

Quanto tempo vai ficar? – ¿Cuánto tiempo se quedará?

Posso arrumar o quarto? – ¿Puedo limpiar la habitación?

A que horas posso limpar o quarto? – ¿A qué hora puedo limpiar la habitación?

Com licença, está de saída? – Disculpe, ¿ya se va?

O restaurante fica no primeiro andar. – El restaurante está en el primer piso.

Deseja o café da manhã servido no quarto? – ¿Le gustaría que le sirvieran el desayuno en su habitación?

O café da manhã está incluso. – El desayuno está incluido.

Quarto individual ou quarto duplo? – ¿Habitación individual o habitación doble?

Gostaria de um quarto com vista para o mar? – ¿Le gustaría una habitación con vista al mar?

Sinto muito, não temos vagas. – Lo siento, está completo.

Posso levar, senhor(a)? – ¿Puedo llevárselo, señor(a)?

Servimos almoço das 12h às 15h. – Servimos el almuerzo de 12:00 a 15:00.

Servimos jantar das 18h30 às 21h. – Servimos la cena de 18:30 a 21:00.

O café da manhã é servido das 7h às 10h30. – El desayuno se sirve de 7:00 a 10:30.

Posso chamá-lo às 7h? – ¿Puedo llamarlo a las 7:00?

Posso ajudá-lo com as malas? – ¿Puedo ayudarlo con el equipaje?

Quer que troque as toalhas? – ¿Quiere que cambie las toallas?

Posso trocar os lençóis? – ¿Puedo cambiar las sábanas?

O café da manhã/almoço/jantar está servido. – El desayuno/el almuerzo/la cena está servido(a).

VOCABULÁRIO

água fria – agua fría
água quente – agua caliente
andares – pisos
ar-condicionado – aire acondicionado
armário – armario
arrumadeira – camarera
assinatura – firma
avenida – avenida
bagagem – equipaje
bebedor de água – bebedero de agua/fuente
bolsa – bolso de mano
cabide – percha
cama – cama
chuveiro – ducha
cinzeiro – cenicero
cobertor – frazada/manta
colchão – colchón
cortina – cortina
data de nascimento – fecha de nacimiento
descarga de vaso – descarga del inodoro
elevador – ascensor
endereço – dirección
ferro de passar – plancha

hidratante – hidratante
lâmina de barbear – hoja de afeitar
lençol – sábana
local de nascimento – lugar de nacimiento
mala – maleta
papel higiênico – papel higiénico
passaporte – pasaporte
pia – fregadero
profissão – ocupación/profesión
quarto – habitación
refeição – comida
rua – calle
sabonete – jabón
sacola – bolsa
secador de cabelo – secador de pelo
shampoo – champú
telefone – teléfono
toalha – toalla
torneira – grifo
touca de banho – gorro de baño
travesseiro – almohada

LOCAIS EM UM HOTEL

banheiro – baño
bar – bar
corredor – pasillo
elevador – ascensor
lavanderia – lavandería/lavadero
lobby – vestíbulo/lobby
piscina – piscina
recepção – recepción
restaurante – restaurante
sauna – sauna
sauna seca – sauna seca
spa – spa

QUARTOS COM...

cama de casal – cama doble
cama king size – cama tamaño king
cama queen size – cama tamaño queen
duas camas de solteiro – dos camas individuales
cama de solteiro – individual

ALMOHADA

ESPANHOL PARA MOTORISTAS PROFISSIONAIS

Para onde vamos? – ¿Adónde vamos?

Vou levá-los para conhecer a cidade. – Los llevaré a conocer la ciudad.

Há um ótimo restaurante nesta quadra. – Hay un excelente restaurante en esta cuadra.

Aqui está seu troco. – Aquí está su cambio.

Qual é o endereço, por favor? – ¿Cuál es la dirección, por favor?

Qual é o número do prédio, por favor? – ¿Cuál es el número del edificio, por favor?

O museu está à sua direita. – El museo está a su derecha.

O parque está à sua esquerda. – El parque está a su izquierda.

Onde pego o senhor amanhã? – ¿Dónde lo recojo mañana?

A que horas posso pegar a senhora amanhã? – ¿A qué hora puedo recogerla mañana?

Até o restaurante leva 15 minutos. – Se tarda 15 minutos hasta el restaurante.

Deseja uma água? – ¿Quiere agua?

Pode colocar o cinto de segurança, por favor? – ¿Puede ponerse el cinturón de seguridad, por favor?

A que horas sai seu voo? – ¿A qué hora sale su vuelo?

Posso pegá-lo às 7h da manhã? – ¿Puedo recogerlo a las 7:00?

Combinado. Amanhã às 9h15. – De acuerdo. Mañana a las 9:15.

Se o senhor não se importar, posso deixá-lo na esquina. – Si no le importa, puedo dejarlo en la esquina.

Estamos bem próximos da praia. – Estamos muy cerca de la playa.

Chegaremos em 15 minutos. – Llegaremos en 15 minutos.

Posso ajudá-lo com as malas? – ¿Puedo ayudarlo con las maletas?

Vou abrir o porta-malas. – Voy a abrir el maletero.

Pode colocar atrás. – Puede dejar atrás.

APÊNDICE

VOCABULÁRIO

aberto – abierto
adiantado – adelantado/anticipado
ar-condicionado – aire acondicionado
atrás – detrás
atrasado – tarde/atrasado
bagagem – equipaje
banco da frente do carro – asiento delantero del coche
banco de trás – asiento trasero
banco do carro – asiento del coche
bolsa – bolso de mano
calor – caliente
carro – coche
cartão de crédito – tarjeta de crédito
cedo – temprano
cinto de segurança – cinturón de seguridad
direita – derecha
esquerda – izquierda
esquina – esquina
farol/semáforo – semáforo
fechado – cerrado
frente – frente
frio – frío
janela – ventana
lado – lado
mala – maleta
micro-ônibus – microbús
multa de trânsito – multa de tránsito
ônibus – autobús
passageiro – pasajero
porta – puerta
porta-luvas – guantera
porta-malas – maletero
quadra – cuadra
quente – caliente
sacola – bolsa
tarifa – tarifa
táxi – taxi
taxista – taxista
troco – cambio
van – camioneta/furgón

IZQUIERDA

ESPANHOL PARA PROFISSIONAIS DE TURISMO

Temos visitas com guias turísticos. – Ofrecemos visitas guiadas.

Temos excursões para o museu saindo às 8h. – Tenemos excursiones al museo saliendo a las 8:00.

Nossos guias falam espanhol. – Nuestros guías hablan español.

Este prédio foi construído em 1870. – Este edificio fue construido en 1870.

À noite vamos a uma boate. – Por la noche vamos a una discoteca.

A tarde é livre. – La tarde es libre.

Pela manhã visitaremos as praias. – Por la mañana visitaremos las playas.

A bilheteria fica aberta das 9h às 17h. – La taquilla está abierta de 9:00 a 17:00.

Os ingressos valem somente para hoje. – Los boletos son válidos sólo para hoy.

Os vouchers podem ser trocados na bilheteria. – Los cupones/bonos se pueden canjear en la taquilla.

A fila da esquerda. – La fila de la izquierda.

A entrada à direita. – La entrada a la derecha.

A van pegará vocês amanhã às 7h da manhã. – La furgoneta los recogerá mañana a las 7 de la mañana.

Nos encontramos na entrada do parque. – Nos encontramos en la entrada del parque.

Podem levar as bolsas. – Pueden llevar los bolsos.

Cuidado com os celulares. Esta região é perigosa. – Cuidado con los teléfonos móviles/celulares. Esta zona es peligrosa.

Não se esqueçam de levar protetor solar. – No olviden llevar protector solar.

Chegaremos ao restaurante em 10 minutos. – Llegaremos al restaurante en 10 minutos.

Do seu lado esquerdo temos a vista da baía. – A la izquierda tenemos la vista de la bahía.

Do seu lado direito vemos os famosos arcos. – A la derecha vemos los famosos arcos.

Duas quadras à frente temos a Ponte dos Amores. – A dos cuadras adelante tenemos el Puente de los Amores.

Podem guardar as bolsas no guarda-volumes. – Pueden dejar los bolsos en la consigna.

VOCABULÁRIO

abaixo – abajo
aberto – abierto
acima – arriba
aqui – aquí/acá
avenida – avenida
bicicleta – bicicleta
bilheteria – taquilla
bonde – tranvía
clima (tempo) – tiempo
compras – compras
concerto – concierto
direita – derecha
esquerda – izquierda
esquina – esquina
excursão – excursión
fechado – cerrado
funicular – funicular
guia de turismo – guia turístico
guia turístico – guia turística
ingresso – boleto/billete
leste – este
longe – lejos
monte – monte
norte – norte
oeste – oeste
passeio – salida
perto – cerca
preço – precio
prédio – edificio
quarteirão – cuadra
sul – sur
teleférico – teleférico
trem – tren
viagem – viaje
visita – visita
vista – vista
voo – vuelo

LOCAIS EM UMA CIDADE

aeroporto – aeropuerto
agência de viagens – agencia de viajes
banca de jornal – quiosco de periódicos
banco – banco
barbearia – barbería
biblioteca – biblioteca
cafeteria – cafetería
catedral – catedral
cemitério – cementerio
escola – escuela
estação de trem – estación de tren
estádio – estadio
farmácia – farmacia
igreja – iglesia
lavanderia – lavandería
livraria – librería
locadora de carros – alquiler de coches
loja – tienda
mercado – mercado
museu – museo
padaria – panadería
parque – parque
praça – plaza
rodoviária – estación de autobuses
sala de concertos – sala de conciertos
salão de beleza – peluquería
supermercado – supermercado
teatro – teatro
universidade – universidad

SUPERMERCADO

ESPANHOL PARA PROFISSIONAIS DE SEGURANÇA

Onde aconteceu o acidente? – ¿Dónde ocurrió el accidente?

Como posso ajudar? – ¿En qué puedo ayudarlo(a)?

Pode aguardar um minuto aqui? – ¿Puede esperar un minuto aquí?

Vamos fazer um boletim de ocorrência? – Vamos a hacer una denuncia policial?

Siga pela direita. – Siga a la derecha.

Siga em frente. Está à sua esquerda. – Siga recto. Está a su izquierda.

Não pode comer no local. – No se puede comer aquí.

Não pode entrar com lata de refrigerante. – No se permite entrar con latas de gaseosa.

Tem que aguardar do outro lado. – Debe esperar al otro lado.

Pode passar por aqui. – Puede pasar por aquí.

Não é permitido correr no local. – No está permitido correr en el recinto.

Cuidado com o degrau. – Cuidado con el escalón.

Pode me acompanhar, por favor? – ¿Puede acompañarme, por favor?

Por este lado. – Por este lado.

Podemos ir à delegacia. – Podemos ir a la comisaría.

Atrás da linha, por favor. – Detrás de la línea, por favor.

Siga a linha verde, por favor. – Siga la línea verde, por favor.

Os achados e perdidos ficam no 2º andar. – Los objetos perdidos se encuentran en el segundo piso.

Aguarde do lado de fora. – Espere afuera.

Fique atento. – Manténgase atento.

Não permitimos entrar com mochila. – No permitimos entrar con mochilas.

Pode deixar sua bolsa no guarda-volumes. – Puede dejar el bolso en la consigna.

VOCABULÁRIO

acidente – accidente
ambulância – ambulancia
ambulatório – ambulatorio
andar – piso
arma – arma
assalto – asalto
ataque – ataque
atravessar – cruzar
bolsa – bolso/bolsa
carteira – billetera/cartera
celular – celular
delegacia – comisaría
emergência – emergencia
entrada – entrada
escada – escalera
escadaria – escalera
estabelecimento – establecimiento
estacionamento – estacionamiento/aparcamiento
faixa de pedestre – paso de peatones
farmácia – farmacia
ferido – lesionado
guarda de trânsito – guardia de tráfico
guarda-vidas – salvavidas
hospital – hospital
hotel – hotel
lesão corporal – daño corporal
loja – tienda
mala – maleta
médico – médico
policial – policía
porta – puerta
primeiros socorros – primeros auxilios
revólver – revólver/pistola
roubo – robo/hurto
saída – salida
segurança – seguridad
shopping – centro comercial
socorrista – salvador
socorro – ayuda
trânsito – tráfico
vigia – vigilante

AMBULANCIA

ESPANHOL PARA PROFISSIONAIS DE SAÚDE

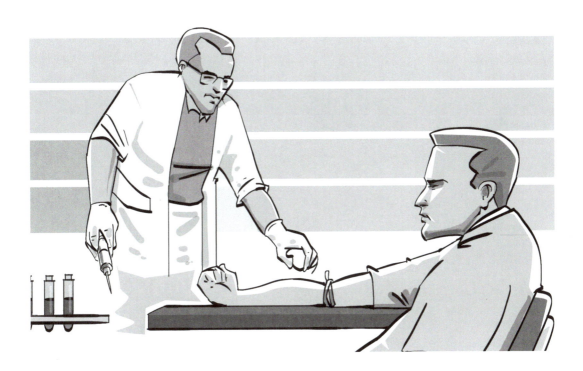

Sente-se aqui, por favor. – Siéntese aquí, por favor.
Deite-se aqui, por favor. – Échese aquí, por favor.
Coloque seu braço aqui. – Ponga su brazo aquí.
Levante os braços. – Levante los brazos.
Você tem diabetes? – ¿Tiene diabetes?
De qual braço posso coletar? – ¿De qué brazo puedo tomar la muestra de sangre?
Beba um pouco de água. – Tome un poco de agua.
Coloque sua bolsa na cadeira. – Coloque su bolso en la silla.
Qual é sua altura? – ¿Cuál es su altura?
Qual é seu peso? – ¿Cuál es su peso?
Faz uso de alguma medicação? – ¿Está tomando algún medicamento?
Tem pressão alta? – ¿Tiene presión arterial alta?
Posso medir sua pressão? – ¿Puedo medir su presión arterial?

Posso medir sua temperatura? – ¿Puedo medir su temperatura?
O que você comeu hoje? – ¿Qué ha comido hoy?
O que está sentindo? – ¿Qué está sintiendo?
Está se sentindo melhor? – ¿Se siente mejor?
Você fuma? – ¿Fuma?
Costuma fazer exercício físico? – ¿Hace ejercicio físico con regularidad?
Qual é sua idade? – ¿Cuántos años tiene?
Realizou alguma cirurgia? – ¿Se ha sometido a alguna cirugía?
Pode tomar esta medicação. – Puede tomar este medicamento.

VOCABULÁRIO

alergia – alergia
ambulância – ambulancia
ambulatório – ambulatorio
anestesia – anestesia
antibiótico – antibiótico
anti-inflamatório – antiinflamatorio
braço – brazo
cadeira de rodas – silla de ruedas
cirurgia – cirugía
coleta – muestra
consulta – cita
coração – corazón
corte – corte
dente – diente
diarreia – diarrea
doença – enfermedad
doente – enfermo
dor – dolor
dor de cabeça – dolor de cabeza
dor de dente – dolor de diente
dor de estômago – dolor de estómago
dor de garganta – dolor de garganta
dor nas costas – dolor de espalda
dormir – dormir
enjoado – mareado
febre – fiebre
garganta – garganta
grávida – embarazada
gripado – (tener) gripe
injeção – inyección
insônia – insomnio
pastilha – pastilla
peito – pecho/tórax
perna – pierna
pílula/comprimido – pastilla/tableta
pulmões – pulmones
radiografia – radiografía
remédio – medicamento
resfriado – resfrío
respirar – respirar
sangramento – sangrado
sangue – sangre
sinusite – sinusitis
soluço – hipo
termômetro – termómetro
tomografia – tomografía
tosse – tos
veia – vena
vomitar – vomitar

ANTIBIÓTICO

ESPANHOL PARA ATENDIMENTO TELEFÔNICO

Posso anotar seu recado? – ¿Puedo tomar su mensaje?
Para qual número você ligou? – ¿A qué número llamó?
Poderia ligar mais tarde? – ¿Podría llamar más tarde?
O ramal não atende. – La extensión no responde.
Para qual ramal você ligou? – ¿A qué extensión llamó?
A ligação caiu. Posso ligar de volta? – Se cortó la llamada. ¿Puedo llamar de vuelta?
Deseja falar com quem? – ¿Con quién desea hablar?
O senhor Antonio estará no escritório amanhã. – El señor Antonio estará en la oficina mañana.
Pode ligar de volta à tarde. – Puede volver a llamar por la tarde.
Nosso horário de atendimento é das 8h às 17h. – Nuestro horario de atención es de 8:00 a 17:00.
Vou transferir para o ramal do senhor Carlos. – Le voy a transferir a la extensión del señor Carlos.
O ramal está ocupado. – La extensión está ocupada.

Nosso novo número de telefone é 2577-3222. – Nuestro nuevo número de teléfono es 2577-3222.
O número do celular da senhora Lucia é 9777-4556. – El número de celular de la señora Lucia es 9777-4556.
Ele está em horário de almoço. – Él está en el horario de almuerzo.
Pode anotar o novo endereço? – ¿Puede anotar la nueva dirección?
Sua consulta está marcada para quarta-feira às 10h. – Su cita está programada para el miércoles a las 10:00.
Deseja remarcar o dia e horário da consulta? – ¿Desea reprogramar el día y la hora de la cita?
Para quando podemos marcar a reunião? – ¿Para cuándo podemos programar la reunión?
Pode aguardar um minuto? – ¿Puede esperar un minuto?
A senhora Carla já irá atendê-lo. – La señora Carla ya lo atenderá.
Muito obrigado pela sua compreensão. – Muchas gracias por su comprensión.

VOCABULÁRIO

ajuda – ayuda
almoço – almuerzo
amanhã – mañana
anotado – anotado
aqui – aquí/acá
certo – cierto
chamada – llamada
chamada perdida – llamada perdida
correto – correcto
de volta – de vuelta
desligado – apagado
discar – marcar
em torno – alrededor
errado – equivocado
escritório – oficina
falha – falta
folga – día libre
hoje – hoy
horário – tiempo
lá – allá
lembrete – recordatorio
ligação – conexión
manhã – mañana
minuto – minuto
noite – noche
ocupado – ocupado
ontem – ayer
ramal – extensión
recado – mensaje
rede/cobertura – red/cobertura
rotina – rutina
secretária – secretaria
tarde – tarde
toque – tono de llamada
viva-voz – altavoz

EXTENSIÓN

ESPANHOL PARA LOJISTAS

Este tamanho está bom? – ¿Está bien esta talla?
Este está na promoção. – Este está en oferta.
Temos todos os tamanhos. – Tenemos todas las tallas.
Qual número você usa? – ¿Qué talla usa?
Vai ficar com estes também? – ¿Va a llevar estos también?
Temos esse em roxo e amarelo. – Lo tenemos en morado y amarillo.
O preço deste é R$ 105,00. – El precio de este es R$ 105,00.
Temos no tamanho P, M ou G. – Tenemos en talla P, M o G.
Gostaria de experimentar este? – ¿Le gustaría probar este?
A loja toda está em liquidação. – Toda la tienda está en oferta.
Nós aceitamos todos os cartões. – Aceptamos todas las tarjetas.
Pode pagar em dinheiro ou cartão. – Puede pagar en efectivo o con tarjeta.

O banheiro fica à direita. – El baño está a la derecha.
Se levar três peças, temos desconto. – Si lleva tres piezas, tenemos descuento.
Gostaria de levar um par de meias junto? – ¿Le gustaría llevar un par de medias también?
Temos esta mais folgada. – La tenemos en una talla más grande.
O par sai por R$ 25,00. – El par cuesta R$ 25,00.
Estamos abertos de segunda a sábado. – Estamos abiertos de lunes a sábado.
Nosso horário de funcionamento é das 10h às 20h. – Nuestro horario de atención es de 10:00 a 20:00.
Vamos até o caixa? – ¿Vamos a la caja?
Aqui está sua sacola. – Aquí está su bolsa.
Tenha um ótimo dia. – Que tenga un excelente día.

VOCABULÁRIO

acessórios – accesorios
apertado – apretado/ajustado
barato – barato
caixa (atendente) – cajero
caro – caro
carrinho – carrito
cartão de crédito – tarjeta de crédito
cesto – cesta
cliente – cliente
corredor – pasillo
desconto – descuento
dinheiro – dinero/en efectivo
esgotado – agotado
feminino – femenino
gerente – gerente
grande – grande
largo – ancho
masculino – masculino
mudar – cambiar
pequeno – pequeño
prateleira – estante
preço – precio
promoção – promoción
provador – vestidor/probador
recibo – recibo
reclamação – queja
reembolso – reembolso/devolución
sacola – bolsa
tamanho grande – tamaño grande
tamanho médio – tamaño mediano
tamanho pequeno – tamaño pequeño
trocar – reemplazar
troco – cambio

ROUPAS, SAPATOS E ACESSÓRIOS

anel – anillo
biquíni – bikini
blusa – blusa
bolsa – bolso
boné – gorra
botas – botas
brincos – pendientes
cachecol – bufanda
calça – pantalones
camisa – camisa
camiseta – camiseta
casaco – abrigo
chinelo – chancletas
cinto – cinturón
colar – collar
cueca – calzoncillos
gravata – corbata
guarda-chuva – paraguas
jaqueta – chaqueta
meias – medias
óculos – gafas/lentes
óculos escuros – gafas de sol
relógio de pulso – reloj de pulsera
saia – falda/saya
sapatos – zapatos
tênis – tenis
vestido – vestido

CINTURÓN

NÚMEROS CARDINAIS

0 – cero
1 – uno, una
2 – dos
3 – tres
4 – cuatro
5 – cinco
6 – seis
7 – siete
8 – ocho
9 – nueve
10 – diez
11 – once
12 – doce
13 – trece
14 – catorce
15 – quince
16 – dieciséis
17 – diecisiete
18 – dieciocho
19 – diecinueve
20 – veinte
21 – veintiuno, veintiuna
22 – veintidós
23 – veintitrés
24 – veinticuatro
25 – veinticinco
26 – veintiséis
27 – veintisiete
28 – veintiocho
29 – veintinueve
30 – treinta
31 – treinta y uno, treinta y una
32 – treinta y dos
33 – treinta y tres
34 – treinta y cuatro
35 – treinta y cinco
36 – treinta y seis
37 – treinta y siete
38 – treinta y ocho
39 – treinta y nueve
40 – cuarenta
50 – cincuenta
60 – sesenta
70 – setenta
80 – ochenta
90 – noventa
100 – cien
200 – doscientos
300 – trescientos
400 – cuatrocientos
500 – quinientos
600 – seiscientos
700 – setecientos
800 – ochocientos
900 – novecientos
1000 – mil
1001 – mil uno, mil una
1010 – mil diez
2000 – dos mil
2002 – dos mil dos
10 000 – diez mil
50 000 – cincuenta mil
100 000 – cien mil
1 000 000 – un millón
2 000 000 – dos millones
1 000 000 000 – mil millones
1 000 000 000 000 – un billón

NÚMEROS ORDINAIS

1º – primero
2º – segundo
3º – tercero
4º – cuarto
5º – quinto
6º – sexto
7º – séptimo
8º – octavo
9º – noveno
10º – décimo
11º – undécimo
12º – duodécimo
13º – decimotercero
14º – decimocuarto
15º – decimoquinto
16º – decimosexto
17º – decimoséptimo
18º – decimoctavo
19º – decimonoveno
20º – vigésimo
30º – trigésimo
40º – cuadragésimo
50º – quincuagésimo
60º – sexagésimo
70º – septuagésimo
80º – octogésimo
90º – nonagésimo
100º – centésimo
110º – centésimo décimo
200º – ducentésimo
500º – quingentésimo
1000º – milésimo
100 000º – cienmilésimo
1 000 000º – millonésimo

HORAS

3:00 - Tres horas
3:10 - Tres y diez
3:15 - Tres y quince o tres y cuarto
3:30 - Tres y treinta o tres y media
3:45 - Tres y cuarenta y cinco o cuatro menos cuarto
4:00 - Cuatro horas

DIAS DA SEMANA

Domingo	Lunes	Martes	Miércoles	Jueves	Viernes	Sábado
		1	2	3	4	5
6	7	8	9	10	11	12
13	14	15	16	17	18	19
20	21	22	23	24	25	26
27	28	29	30	31		

segunda-feira – lunes
terça-feira – martes
quarta-feira – miércoles
quinta-feira – jueves
sexta-feira – viernes
sábado – sábado
domingo – domingo
fim de semana – fin de semana

MESES DO ANO

ENERO
LUN	MAR	MIE	JUE	VIE	SÁB	DOM
						1
2	3	4	5	6	7	8
9	10	11	12	13	14	15
16	17	18	19	20	21	22
23	24	25	26	27	28	29
30	31					

FEBRERO
LUN	MAR	MIE	JUE	VIE	SÁB	DOM
		1	2	3	4	5
6	7	8	9	10	11	12
13	14	15	16	17	18	19
20	21	22	23	24	25	26
27	28					

MARZO
LUN	MAR	MIE	JUE	VIE	SÁB	DOM
		1	2	3	4	5
6	7	8	9	10	11	12
13	14	15	16	17	18	19
20	21	22	23	24	25	26
27	28	29	30	31		

ABRIL
LUN	MAR	MIE	JUE	VIE	SÁB	DOM
					1	2
3	4	5	6	7	8	9
10	11	12	13	14	15	16
17	18	19	20	21	22	23
24	25	26	27	28	29	30

MAYO
LUN	MAR	MIE	JUE	VIE	SÁB	DOM
1	2	3	4	5	6	7
8	9	10	11	12	13	14
15	16	17	18	19	20	21
22	23	24	25	26	27	28
29	30	31				

JUNIO
LUN	MAR	MIE	JUE	VIE	SÁB	DOM
			1	2	3	4
5	6	7	8	9	10	11
12	13	14	15	16	17	18
19	20	21	22	23	24	25
26	27	28	29	30		

JULIO
LUN	MAR	MIE	JUE	VIE	SÁB	DOM
					1	2
3	4	5	6	7	8	9
10	11	12	13	14	15	16
17	18	19	20	21	22	23
24	25	26	27	28	29	30
31						

AGOSTO
LUN	MAR	MIE	JUE	VIE	SÁB	DOM
	1	2	3	4	5	6
7	8	9	10	11	12	13
14	15	16	17	18	19	20
21	22	23	24	25	26	27
28	29	30	31			

SEPTIEMBRE
LUN	MAR	MIE	JUE	VIE	SÁB	DOM
				1	2	3
4	5	6	7	8	9	10
11	12	13	14	15	16	17
18	19	20	21	22	23	24
25	26	27	28	29	30	

OCTUBRE
LUN	MAR	MIE	JUE	VIE	SÁB	DOM
						1
2	3	4	5	6	7	8
9	10	11	12	13	14	15
16	17	18	19	20	21	22
23	24	25	26	27	28	29
30	31					

NOVIEMBRE
LUN	MAR	MIE	JUE	VIE	SÁB	DOM
	1	2	3	4	5	
6	7	8	9	10	11	12
13	14	15	16	17	18	19
20	21	22	23	24	25	26
27	28	29	30			

DICIEMBRE
LUN	MAR	MIE	JUE	VIE	SÁB	DOM
				1	2	3
4	5	6	7	8	9	10
11	12	13	14	15	16	17
18	19	20	21	22	23	24
25	26	27	28	29	30	31

janeiro – enero
fevereiro – febrero
março – marzo
abril – abril
maio – mayo
junho – junio
julho – julio
agosto – agosto
setembro – septiembre
outubro – octubre
novembro – noviembre
dezembro – diciembre
ano novo – año nuevo

CORES

acinzentado – grisáceo
alaranjado – anaranjado
amarelado – amarillento
amarelo – amarillo
amarronzado – amarronado
arroxeado – amoratado
avermelhado – rojizo

azul – azul
azul-claro – azul claro
azul-marinho – azul marino
azulado – azulado
bege – beige
branco – blanco
cinza – gris

esbranquiçado – blanquecino
esverdeado – verdoso
laranja – naranja
marrom – marrón
preto – negro
rosa – rosa

roxo – morado/púrpura
verde – verde
verde-claro – verde claro
vermelho – rojo

CLIMA E TEMPO

abafado – sofocante
brisa – brisa
calor – calor
chuva – lluvia
chuva forte – lluvia intensa
chuvoso – lluvioso
claro – claro

congelado – congelado
enchente – inundación
ensolarado – soleado
frio – frío
furacão – huracán
garoa – llovizna
geada – escarcha

granizo – granizo
nascer do sol – amanecer
neblina – neblina
neve – nieve
nublado – nublado
pôr do sol – puesta de sol/ atardecer

quente – caliente
relâmpago – relámpago
sem nuvens – sin nubes
tempestade – tormenta
tornado – tornado
trovão – trueno
vento – viento

ESTAÇÕES DO ANO

inverno – invierno **outono** – otoño **primavera** – primavera **verão** – verano

ALFABETO

No quadro a seguir, estão todas as letras do alfabeto espanhol, o nome de cada uma e sua respectiva pronúncia.

A	B	C	D	E	F	G	H	I	J	K	L	M	N
a	be	ce	de	e	efe	ge	hache	i	jota	ka	ele	eme	ene
α	bê	cê	dê	ê	efe	rê	átchê	i	rota	ka	ele	êmê	ênê

Ñ	O	P	Q	R	S	T	U	V	W	X	Y	Z
eñe	o	pe	cu	erre	ese	te	u	uve	uve doble	equis	i griega	zeta
ênhê	o	pê	ku	erre	esse	tê	u	ubê	ubê dôblê	équis	i griega	cêta

Alguns exemplos de frases em que é necessário saber soletrar:

¿Podría deletrear su apellido, por favor?
(Você pode soletrar seu sobrenome, por favor?)

¿Podría deletrear su primer nombre, por favor?
(Você pode soletrar seu nome, por favor?)

¿Cómo se deletrea su apellido?
(Como se soletra seu sobrenome?)

PRONOMES PESSOAIS

tú, vos, vosotros: tratamento informal
usted, ustedes: tratamento formal

yo (eu)	**Yo amo pasta.** (Eu amo massa.)
tú/vos (você)	**Tú puedes bailar.** **Vos podés bailar.** (Você pode dançar.)
usted (você)	**Usted puede bailar.** (Você pode dançar.)
él (ele)	**Él es inteligente.** (Ele é inteligente.)
ella (ela)	**Ella es uruguaya.** (Ela é uruguaia.)
nosotros (nós)	**Nosotros vamos a casa.** (Nós vamos para casa.)
vosotros/ustedes (vocês)	**Vosotros vivís en Brasil.** **Ustedes viven en Brasil.** (Vocês moram no Brasil.)
ellos/ellas (eles/elas)	**Ellos/ellas viven en España.** (Eles/elas vivem na Espanha.)

PRONOMES OBLÍQUOS

me (me)	**Lara me dio un libro.** (Lara me deu um livro.)
te (te)	**Yo te quiero.** (Eu te amo.)
lo (o)	**Ella lo ama.** (Ela o ama.)
la (a)	**Él la ama.** (Ela a ama.)
le (lhe)	**No le di la noticia.** (Não lhe dei a notícia.)
nos (nos)	**Ellos nos dan.** (Eles nos dão.)
los/las (os, as)	**Yo los/las amo.** (Eu os/as amo.)
les (lhes)	**Dígales las noticias.** (Diga-lhes as notícias.)

PRONOMES ADJETIVOS

singular	plural	
mi	mis	**¿Dónde están mis llaves?** (Onde estão minhas chaves?)
tu	tus	**Tu padre está llegando.** (Teu pai está chegando.)
su	sus	**No aceptamos su tarjeta de crédito.** (Não aceitamos seu cartão de crédito.)
nuestro, nuestra	nuestros, nuestras	**Nuestras sábanas están sucias.** (Nossos lençóis estão sujos.)
vuestro, vuestra	vuestros, vuestras	**Vuestro equipaje está en la recepción.** (Vossa bagagem está na recepção.)
su	sus	**¿Podría repetirme su apellido, por favor?** (Poderia repetir seu sobrenome, por favor? / Poderia repetir o sobrenome de vocês, por favor?)

PRONOMES POSSESSIVOS

singular	plural	
mío, mía	míos, mías	**Este lápiz es mío.** (Esse lápis é meu.)
tuyo, tuya	tuyos, tuyas	**Esto es tuyo.** (Isto é teu.)
suyo, suya	suyos, suyas	**Ese coche es suyo.** (Esse carro é seu.)
nuestro, nuestra	nuestros, nuestras	**Eso no es nuestro.** (Isso não é nosso.)
vuestro, vuestra	vuestros, vuestras	**Es difícil ganar vuestro respeto.** (É difícil ganhar vosso respeito.)
suyo, suya	suyos, suyas	**Las camisas son suyas.** (As camisas são suas.)

ADJETIVOS

Os adjetivos em espanhol concordam sempre com o substantivo em gênero e número (masculino ou feminino, singular ou plural).

Singular	Plural
lindo regalo (lindo presente)	bonitos platos (bonitos pratos)
cómodo sillón (confortável poltrona)	cómodas sillas (confortáveis cadeiras)
hombre encantador (homem charmoso)	mujeres encantadoras (mulheres charmosas)
casa pequeña (casa pequena)	bolsos pequeños (bolsas pequenas)
persona cuidadosa (pessoa cuidadosa)	bolsos pequeños (bolsas pequenas)

ARTIGOS INDEFINIDOS

Os artigos indefinidos concordam com o substantivo em gênero e número. São eles: **un**, **unos**, **una**, **unas**.

un huevo (um ovo)	unos coches (uns carros)
un paraguas (um guarda-chuva)	unos anillos (uns anéis)
una imagen (uma imagem)	unas mesas (umas mesas)
una manzana (uma maçã)	unas botellas (umas garrafas)

ARTIGOS DEFINIDOS

Os artigos definidos concordam com o substantivo em gênero e número. São eles: **el**, **los**, **la**, **las**.

la niña (a garota)	las casas (as casas)
la bicicleta (a bicicleta)	las personas (as pessoas)
el museo (o museu)	los pilotos (os pilotos)
el hotel (o hotel)	los perros (os cachorros)

VERBOS

Podemos agrupar os verbos em espanhol de acordo com sua terminação no infinitivo: **-ar**, **-er**, **-ir**.

Verbos com terminação em **-ar**:

camin**ar** (caminhar)	habl**ar** (falar)
jug**ar** (jogar)	estudi**ar** (estudar)
gust**ar** (gostar)	empez**ar** (começar)

- ✤ Yo **hablo** con mis amigos. (Eu falo com meus amigos.)
- ✤ Tú/usted **hablas/habla** con tus/sus amigos. (Você fala com seus amigos.)
- ✤ Él/ella **habla** con sus amigos. (Ele/ela fala com seus amigos.)
- ✤ Nosotros **hablamos** con nuestros amigos. (Nós falamos com nossos amigos.)
- ✤ Vosotros/ustedes **habláis/hablan** con sus amigos. (Vocês falam com seus amigos.)
- ✤ Ellos/ellas **hablan** con sus amigos. (Eles/elas falam com seus amigos.)

Verbos com terminação em **-er**:

com**er** (comer)	comprend**er** (entender)
le**er** (ler)	vend**er** (vender)
sab**er** (saber)	corr**er** (correr)

- Yo **como** bocadillo de pollo. (Eu como sanduíche de frango.)
- Tú/usted **comes**/**come** bocadillo de pollo. (Você come sanduíche de frango.)
- Él/ella **come** bocadillo de pollo. (Ele/ela come sanduíche de frango.)
- Nosotros **comemos** bocadillo de pollo. (Nós comemos sanduíche de frango.)
- Vosotros/ustedes **coméis**/**comen** bocadillo de pollo. (Vocês comem sanduíche de frango.)
- Ellos/ellas **comen** bocadillo de pollo. (Eles/elas comem sanduíche de frango.)

Verbos com terminação em **-ir**:

viv**ir** (viver)	sal**ir** (sair)
sub**ir** (subir)	ped**ir** (pedir)
part**ir** (partir)	dorm**ir** (dormir)

- Yo **duermo** temprano. (Eu durmo cedo.)
- Tú/usted **duermes**/**duerme** temprano. (Você dorme cedo.)
- Él/ella **duerme** temprano. (Ele/ela dorme cedo.)
- Nosotros **dormimos** temprano. (Nós dormimos cedo.)
- Vosotros/ustedes **dormís**/**duermen** temprano. (Vocês dormem cedo.)
- Ellos/ellas **duermen** temprano. (Eles/elas dormem cedo.)

CONJUGAÇÃO DE VERBOS TERMINADOS EM -AR

Verbo **andar**

Presente

yo	ando
tú/vos	andas/andás
él/ella/usted	anda
nosotros/nosotras	andamos
vosotros/vosotras	andáis
ellos/ellas/ustedes	andan

Pretérito imperfeito

yo	andaba
tú/vos	andabas
él/ella/usted	andaba
nosotros/nosotras	andábamos
vosotros/vosotras	andabais
ellos/ellas/ustedes	andaban

Pretérito perfeito simples

yo	anduve
tú/vos	anduviste
él/ella/usted	anduvo
nosotros/nosotras	anduvimos
vosotros/vosotras	anduvisteis
ellos/ellas/ustedes	anduvieron

Futuro simples

yo	andaré
tú/vos	andarás
él/ella/usted	andará
nosotros/nosotras	andaremos
vosotros/vosotras	andaréis
ellos/ellas/ustedes	andarán

Condicional simples

yo	andaría
tú/vos	andarías
él/ella/usted	andaría
nosotros/nosotras	andaríamos
vosotros/vosotras	andaríais
ellos/ellas/ustedes	andarían

CONJUGAÇÃO DE VERBOS TERMINADOS EM -ER

Verbo **saber**

Presente

yo	sé
tú/vos	sabes/sabés
él/ella/usted	sabe
nosotros/nosotras	sabemos
vosotros/vosotras	sabéis
ellos/ellas/ustedes	saben

Pretérito imperfeito

yo	sabía
tú/vos	sabías
él/ella/usted	sabía
nosotros/nosotras	sabíamos
vosotros/vosotras	sabíais
ellos/ellas/ustedes	sabían

Pretérito perfeito simples

yo	supe
tú/vos	supiste
él/ella/usted	supo
nosotros/nosotras	supimos
vosotros/vosotras	supisteis
ellos/ellas/ustedes	supieron

Futuro simples

yo	sabré
tú/vos	sabrás
él/ella/usted	sabrá
nosotros/nosotras	sabremos
vosotros/vosotras	sabréis
ellos/ellas/ustedes	sabrán

Condicional simples

yo	sabría
tú/vos	sabrías
él/ella/usted	sabría
nosotros/nosotras	sabríamos
vosotros/vosotras	sabríais
ellos/ellas/ustedes	sabrían

CONJUGAÇÃO DE VERBOS TERMINADOS EM -IR

Verbo **salir**

Presente

yo	salgo
tú/vos	sales/salís
él/ella/usted	sale
nosotros/nosotras	salimos
vosotros/vosotras	salís
ellos/ellas/ustedes	salen

Pretérito imperfeito

yo	salía
tú/vos	salías
él/ella/usted	salía
nosotros/nosotras	salíamos
vosotros/vosotras	salíais
ellos/ellas/ustedes	salían

Pretérito perfeito simples

yo	salí
tú/vos	saliste
él/ella/usted	salió
nosotros/nosotras	salimos
vosotros/vosotras	salisteis
ellos/ellas/ustedes	salieron

Futuro simples

yo	saldré
tú/vos	saldrás
él/ella/usted	saldrá
nosotros/nosotras	saldremos
vosotros/vosotras	saldréis
ellos/ellas/ustedes	saldrán

Condicional simples

yo	saldría
tú/vos	saldrías
él/ella/usted	saldría
nosotros/nosotras	saldríamos
vosotros/vosotras	saldríais
ellos/ellas/ustedes	saldrían

ANOTAÇÕES